AF246015

M. L. ROUSSEAU

—

PLUS D'EMPRUNTS !

LA BANQUE DE FRANCE

ET

l'inutilité de l'Emprunt projeté de 350 millions

20 centimes

PARIS

IMPRIMERIE STÉPHANIENNE DE A. BILLARD

9, RUE BLAINVILLE (PANTHÉON)

—

Décembre 1883

L'Emprunt de 350 millions projeté est-il utile ?
Non. — Qu'est-ce que la Banque de France ?

A cette question posée, chacun naturellement répondrait : c'est la Banque de la France, trouvant dans ce seul argument la signification exacte de la chose.

Or, la Banque de France, créée en 1800 par Napoléon, qui formait alors, avec sa famille et ses partisans, la majorité des actionnaires, était à cette époque une Société libre de crédit et d'émission de billets à vue payables au porteur, de telle façon que d'après ses statuts et au moyen du numéraire réservé dans ses caisses, elle ne pouvait différer à ses engagements.

Plus tard, le 14 avril 1803, une loi donnait à cette société le privilège exclusif d'émettre des billets au porteur, en retirant ce même privilège à certaines autres qui en étaient investies alors, et concurremment avec elle. Plus tard enfin, et à des époques différentes, l'on a étendu dans des proportions plus ou moins vastes le chiffre des émissions, en donnant aux billets le cours forcé, ce qui, dans la généralité des esprits, semble toujours exister, bien que cependant, à l'heure actuelle, il n'en soit rien et que le nombre et la quotité de ces mêmes billets ne soient limités par aucune loi, sauf le cas où le cours forcé existe.

Tout le monde connaît les différents genres d'opérations qui sont traités par cette institution, la sécurité exigée dans ces opérations; autant de raisons qui la rendent sans égale dans le monde.

Mais ce dont on ne se rend généralement pas compte, se sont des rapports qui existent entre cette société et l'Etat qui, bien qu'exerçant un contrôle sérieux, n'est pas si lié avec elle que l'on semble généralement le croire, et des proportions dans lesquelles la France, qui lui a donné son nom avoir des droits sur elle.

Ne rentre-t-il pas, en effet, dans l'esprit de chacun, que la France et la banque de ce nom soient étroitement liées par la garantie morale que celle-ci semble donner à celle-là, et n'est-ce pas l'une qui a enfanté l'autre; le cours forcé des billets à certaines époques n'a-t-il pas toujours été l'œuvre du gouvernement, et enfin, si l'on remonte

plus haut, le monopole, le privilège exclusif n'a-
t-il pas été l'œuvre d'un souverain plus ou moins
intéressé ?

De ce chef, il est facile de comprendre comment
les actions, émises en principe à 1000 francs, ont
atteint, en 1881, le chiffre fabuleux de 6000 francs,
grâce à ce privilège d'émissions qu'elle seule pos-
sède et qui lui a permis de réaliser des bénéfices
considérables.

Je ne veux pas dire par là que cette institution jouisse d'un monopole fortuit et de nature à
nuire à la généralité, loin de là ma pensée. J'en
tends, au contraire, qu'elle favorise au plus haut
degré le commerce, l'industrie et surtout le gouvernement.

J'entends aussi que les bénéfices résultant de
ses opérations lui sont bien légitimement acquis,
seraient-ils encore cent fois plus favorisés par
le privilège du papier-monnaie et du roulement
de fonds qui en est la conséquence. C'est, du reste,
jusqu'à ce jour, ce qui a occasionné l'augmen-
tation considérable de ses actions ; A cela l'Etat
n'a rien à voir et la Banque ne doit, à lui qui en
est la cause, et à la France, qui est sa mère, que sa
plus sincère reconnaissance. Tout cela, dis-je,
constitue un gain.

Mais ce que je ne considère pas comme acquis pour la Banque de France, ce qui même devrait être considéré comme un vol à la nation française si la Banque en revendiquait la propriété, ce sont les billets en circulation à jamais disparus et qui ne rentreront jamais au remboursement dans ses caisses.

A quel chiffre peuvent se monter ces billets disparus soit dans les incendies soit dans les naufrages ou dans maintes circonstances analogues? Nul ne le sait et nul ne peut le savoir. Quand on songe qu'à l'heure actuelle le total représenté par les billets en circulation doit avoir dépassé le chiffre de trois milliards (il était au 31 janvier 1882 de deux milliards huit cent cinquante-deux millions trois cent seize mille sept cents francs) et se trouvent répandus dans le monde entier.

Qui n'a pas entendu raconter l'histoire de ce prince allumant son cigare avec des billets de cinq cents ou de mille, et ce par pure fantaisie ; combien s'en est-il perdu dans ces histoires plus ou moins vraies de jeunes débauchés faisant cuire dans une nuit d'orgies une omelette avec des billets de banque, et dans une foule de circonstances qu'il serait trop long d'énumérer ?

On pourrait pour preuve citer ces vers :

Combien de vieux avares, en faisant leur trésor,
Pour les dissimuler les préféraient à l'or
Et les cachant ainsi dans une fente obscure,
En ont fait pour les rats une douce pâture !

Eh bien ! de tous ces malheurs, de tous ces sinistres qui ont engouffré ou consumé des sommes si considérables, de toutes ces extravagantes fantaisies, est-il juste qu'un établissement déjà plus favorisé que tout autre en bénéficie ?

N'est-ce pas déjà énorme qu'avec le droit qu lui est accordé elle réalise de gros bénéfices sans ajouter à son actif la conséquence du malheur d'autrui ? Je le demande, n'est-ce pas assez, en vérité ?

Eh bien ! qui donc doit en profiter, qui doit hériter de ces enfants morts avant d'arriver à leur maturité, c'est-à-dire avant leur retour au remboursement ?

Naturellement c'est la France, leur mère, puisque sans elle ils n'auraient pas été créés, sans elle ils n'auraient pas existé ; sans elle ils n'auraient pas été dans cette maison incendiée, sur ce navire qui a sombré et dont la plupart des passagers avaient réalisé ce qu'ils possédaient en ces mêmes billets ; sur ce paquebot perdu corps et biens, avec lequel une quantité plus ou moins se trouve engloutie.

N'est-il pas vrai que la France seule doive en revendiquer la propriété, le profit, l'héritage pour mieux dire? De même qu'il est juste qu'une mère hérite de ses enfants morts avant elle, de même la Banque doit à la France le remboursement des billets perdus dont le montant ne se trouve chez elle qu'à titre de dépôt temporaire et qu'à la présentation de ces mêmes billets perdus, elle devrait les rembourser ?

Ceci étant admis, pour arriver à une solution, que faut-il faire ?

La chose est bien simple ; la Banque a déjà annulé une grande partie des billets qui sont rentrés dans ses caisses et les a presque entièrement renouvelés depuis 1875, à l'exception toutefois de ceux dont il s'agit et qui ne rentreront jamais.

Or, le gouvernement n'aurait qu'à prendre un arrêté qui ferait rentrer tous les billets antérieurs à 1875 ou même 1870, si l'on veut, et payables par les caisses de l'Etat; pour cela, naturellement, la Banque devrait lui verser le montant des sommes représentant les susdits billets. Afin de savoir mieux quels seraient ceux réellement perdus, on ferait subir une perte de 10 ou 20 pour 0/0 à ceux antidatés et qui n'auraient pas été présentés dans le délai de six mois, par exemple ; passé ce délai, on ne rembourserait donc que les quatre cinquièmes ou les neuf dixièmes, ce qui naturellement ferait presser les détenteurs.

D'une telle opération, il résulterait que le commerce n'en souffrirait pas, du moment où les billets de 1875 à 1883 inclus resteraient en circulation et qu'ils forment presque à eux seuls le stock commercial qui circule. De cette façon, l'Etat paierait les billets qui lui seraient présentés, et garderait comme sa propriété tout ce qui ne serait pas rentré dans un délai déterminé.

La Banque de France en serait-elle moins riche ?

Non ! puisque la somme qu'elle aurait versée à l'Etat est destiné à cet effet. L'Etat y gagnerait une somme assez considérable qui lui permettrait de ne pas effectuer l'emprunt projeté de trois cent cinquante millions, qui ne ferait que grossir la dette publique, arrivée au chiffre effrayant de trente et quelques milliards.

Le commerce verrait circuler les capitaux qui dorment actuellement dans les caves de la Banque et qui trouveraient un élément à leur juste destination.

Je sais que l'on trouvera des arguments contraires à ma thèse. On ne manquera pas de dire, par exemple, que, si la Banque paie les faux billets, elle doit avoir en compensation les billets perdus; erreur, la Banque n'est pas plus obligée de payer les faux billets que tout autre billet à ordre faux n'est obligé d'être payé par le souscripteur faussement dénommé; seraient-ils du reste payés, qu'ils font chaque fois l'objet d'un article aux profits et pertes, et qu'enfin, jusqu'ici, ils n'ont pas encore diminué l'actif, qui se trouve plus que compensé par le seul fait des opérations que permettent de traiter les véritables billets.

Si le gouvernement, dira-t-on, veut jouir de ce droit, il se mettra à dos la Banque qui, dans certaines circonstances, lui refuserait son concours.

Je dirais alors encore non! et cent fois non! car la Banque sait fort bien que le monopole qui lui a été concédé pourrait, à un certain moment, l'être à une autre société et que, d'un autre côté, pour sa sécurité même, elle sent qu'elle aurait en dans des jours difficiles, dans des jours malheureux, un appui dévoué, un soutien fidèle, un protecteur indispensable.

Certes, celui qui écrit ces lignes est loin de

vouloir conseiller le gouvernement en cette circonstance ; sa voix serait trop faible, il ne serait peut-être pas entendu ; mais, telle n'est pas sa pensée, il ne sera donc pas déçu en cette circonstance. Son but, s'il est assez heureux pour l'atteindre est de propager son idée, de gagner des partisans dans toutes les classes, dans le commerce, dans l'industrie; craignant, du reste, qu'en s'adressant au gouvernement, il en soit de lui et de la Banque ce qui a souvent lieu entre grandes administrations, où on trouve le plus souvent compères et compagnons, pour mettre en pratique la fameuse devise : « passe-moi la rhubarbe, je te donnerai le séné, » et qu'il préférât avoir recours aux emprunts onéreux, qui augmenteront encore la dette et qui retombent toujours sur le malheureux, sur le travailleur, le commerçant, l'industriel. Cependant, ce serait beaucoup plus simple et plus logique que les moyens économiques employés jusqu'à ce jour, tels que réductions de rentes, conventions avec les compagnies, autant de moyens qui pèsent sur tout ce qui s'appelle travail, commerce, industrie, en un mot sur la société, sur l'ouvrier qui, à la sueur de son front, a économisé un malheureux titre de rente ; sur le commerçant et l'industriel qui, écrasés sous le

poids des impôts et des taxes vexatoires, se voient
continuellement de nouvelles charges, et mono-
polisés sous le joug des grandes compagnies par
les conventions mêmes, alors qu'il n'y a qu'à de-
mander pour obtenir et qu'une mesure de ce genre
favoriserait tout le monde, sans nuire aux intérêts
propres de la Banque.

Telles sont des idées exemptes de toute ani-
mosité, de tout esprit de parti ; heureux, je le re-
pète, si mon but est atteint et si, gagnant des
partisans, mon système trouve de l'écho ; alors
cette idée grandira, et dans un avenir plus ou
moins éloigné, peut-être le gouvernement, dans
sa sagesse, pensera-t-il à diminuer la dette publique au lieu de la grossir ; peut-être songera-t-il
à sortir du joug monopolisateur, un semblable
d'un autre semblable, et songera-t-il aussi alors à
rayer du vocabulaire gouvernemental les mots :

PRIVILÈGE, MONOPOLE, FAVORITISME

pour les remplacer par ceux de nos pères, qui
semblent n'être plus français, et dans leur juste
application :

LIBERTÉ, ÉGALITÉ, FRATERNITÉ